EXPERIMENTOS SENCILLOS CON LA LUZ Y EL SONIDO

Glen Vecchione

Ilustraciones de Horacio Elena

ONIRO

Colección dirigida por Carlo Frabetti

Título original: *100 Award-Winning Science Fair Proje*
(selección páginas: 83-123)
Publicado en inglés por Sterling Publishing Co., Inc.,

Traducción de Joan Carles Guix

Diseño de cubierta: Valerio Viano

Ilustración de cubierta e interiores: Horacio Elena

Distribución exclusiva:
Ediciones Paidós Ibérica, S.A.
Mariano Cubí 92 – 08021 Barcelona – España
Editorial Paidós, S.A.I.C.F.
Defensa 599 – 1065 Buenos Aires – Argentina
Editorial Paidós Mexicana, S.A.
Rubén Darío 118, col. Moderna – 03510 México D.F. – M

ISBN: 84-9754-043-3
Depósito legal: B-47.066-2002

Impreso en Hurope, S.L.
Lima, 3 bis – 08030 Barcelona

Impreso en España – *Printed in Spain*

Agradecimientos

Quiero dar las gracias a cuantos me han ayudado
a diseñar y ensayar los experimentos de este libro:

Holly, Rick y R. J. Andrews
Lenny, Claire y Kyrstin Gemar
Cameron y Kyle Eck
Lewis, Hava y Tasha Hall
Jeri, Bryan y Jesse James Smith
Tony y Kasandra Ramirez
Joe, Kate y Micaela Vidales
Debbie y Mark Wankier
Stephen Sturk
Nina Zottoli
Eric Byron
Andy Pawlowski

Vaya también mi especial agradecimiento para
mi amigo David Lee Ahern

Y como siempre,
para Joshua, Irene y Briana Vecchione

Índice

espejos • Reflexión total interior de la luz láser en el agua • Cambio en el índice de refracción de la lana • Comparación de los índices de refracción de tres sustancias

Ojo y mente

Dos estroboscopios giratorios

Material necesario
Tocadiscos con velocidad de 78 rpm
Disco de tocadiscos
Lámpara eléctrica sin pantalla
Cartulina blanca
Papel blanco
Compás
Transportador (semicírculo graduado)
Rotulador
Punzón
Tijeras
Regla

Tanto la luz estroboscópica como el estroboscopio crean la ilusión del movimiento detenido. Puedes confeccionar fácilmente un sencillo disco estroboscópico o tira estroboscópica que genere resultados espectaculares en un fonógrafo giratorio.

Disco estroboscópico
Procedimiento
1. Utiliza el compás para medir el diámetro de la etiqueta del disco de tocadiscos y luego traza en la cartulina un círculo del mismo diámetro.

Traza otro círculo interior más pequeño para obtener una banda de 1,25 cm de anchura.

2. Recorta el círculo y practica un orificio en el centro, es decir, donde la aguja del compás ha dejado una marca.

3. Con el rotulador traza 92 líneas situadas a la misma distancia en la banda del círculo. Para ello, divide 360° (circunferencia de un círculo) por 92 (grados entre cada línea) por el cociente 3,9. Redondéalo a 4. Usa el transportador para marcar líneas separadas 4° en el borde del círculo.

4. Coloca el círculo sobre el pivote del tocadiscos y ponlo en marcha a una velocidad de 78 rpm (rpm = revoluciones por minuto).

5. Sitúa la lámpara eléctrica cerca del estroboscopio giratorio. Anota tus observaciones.

Tira estroboscópica
Procedimiento

1. Recorta una tira de papel de 1,25 × 12,5 cm

2. Desde un extremo del papel, mide 11,9 cm. Divídelos por 92 líneas verticales situadas a la misma distancia. Cada línea tendrá una longitud aproximada de 0,15 cm.

3. Haz un bucle con la tira y une los extremos con un clip, procurando que la parte forrada del clip quede situada en la porción blanca de la tira, de manera que las líneas coincidan perfectamente.

4. Coloca la tira sobre la etiqueta del disco. Pon en marcha el tocadiscos a una velocidad de 78 rpm. Anota tus observaciones.

Resultado

A medida que el tocadiscos se acelera, las líneas del disco y de la tira se emborronan. Sin embargo, cuando la velocidad se estabiliza a 78 rpm, las líneas dan la impresión de detenerse.

Explicación

La aparente detención del movimiento de las líneas indica la frecuencia de la bombilla eléctrica. Frecuencia significa el número de veces que algo sucede en una unidad de tiempo, en este caso, un segundo. La corriente en la bombilla invierte las direcciones 60 veces cada segundo, lo que crea un pulso imperceptible en la aparente luz estática de la bombilla. Cada inversión en la dirección se denomina ciclo y se mide en megaherzios (MHz). De este modo, una bombilla eléctrica de 60 MHz pulsa a un ritmo de 3.600 veces por segundo.

¿Por qué parece que las líneas se detienen en el estroboscopio? Cada vez que la luz emite un pulso, las líneas negras en el estroboscopio han girado exactamente un espacio, lo que ha creado la ilusión de que el disco no se ha movido un ápice.

Puedes calcular cuántas líneas debes trazar en tu disco estroboscópico realizando un simple cálculo aritmético. Si quieres ver un efecto estroboscópico a 78 rpm, multiplica 3.600 por 2 y divídelo por 78. Esto te dará 92,3, cifra que puedes redondear a 92. Si trazas 92 líneas en el disco situadas a la misma distancia, a 78 rpm éstas darán la impresión de estar inmóviles.

$$3600 \times 2 : 78 = 92,3 \text{ o } 92$$

Ilusión del anillo giratorio

Material necesario

Tocadiscos

Cartulina

Botella de plástico de 2 litros

Cable aislado (revestido de plástico) de colores
de 75 cm

Compás

Regla

Punzón

Tijeras

Cinta adhesiva

Todo movimiento simulado se basa en la incapacidad del cerebro de diferenciar elementos visuales secuencialmente relacionados cuando éstos emiten destellos o pulsos luminosos por encima de una determinada velocidad. Esta persistencia de la visión combina las imágenes individuales en una sola imagen continua de movimiento. Manipulando el tamaño y la velocidad de rotación de objetos de 3-D puedes crear un efecto similar, como así lo demuestra la ilusión del anillo giratorio.

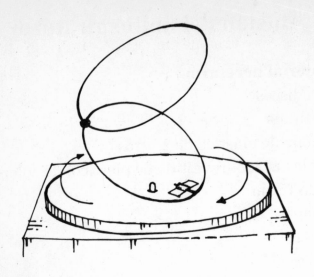

Procedimiento

1. Traza con el compás un círculo de 11,25 cm de diámetro en la cartulina. Recórtalo y practica un orificio con el punzón en el centro del mismo, es decir, donde la aguja del compás ha dejado una marca.

2. Llena de agua la botella de 2 litros hasta el borde, coloca el tapón y enróscalo con firmeza. Se trata de que el agua dé cuerpo a la botella y mantenga su forma.

3. Corta el cable aislado en dos trozos de 37,5 cm de longitud cada uno. Enrosca un trozo de cable alrededor de la botella y une los cabos de 2,5 cm de manera que queden bien sujetos. Haz lo mismo con el otro trozo de cable.

4. Retira los bucles de cable de la botella, co-

necta el cable enroscado de un bucle al otro bucle, une el cable enroscado del otro bucle al disco de cartulina y asegúralo con cinta adhesiva.

5. Dobla con cuidado los bucles para que el tocadiscos, el cable inferior y el bucle superior formen ángulos entre sí.
6. Coloca el disco de cartulina con los bucles sobre el pivote del tocadiscos.
7. Pon en marcha el tocadiscos a 33 rpm y luego a 78 rpm. Observa el movimiento de los bucles.

Resultado

Los bucles de cable parecen desconectarse, inclinarse y girar alrededor de su recíproca circunferencia. Este efecto es más pronunciado a 78 rpm.

Explicación

Cuando dos objetos están situados a una determinada distancia relativa entre sí y giran a una cierta velocidad relativa a sus dimensiones, se crea un efecto de movimiento virtual. En lugar de ver un objeto, cuyas secciones giran a la misma velocidad, ves dos bucles independientes girando alrededor de su recíproca circunferencia.

Percepción ocular y cerebral del movimiento

Material necesario

Tocadiscos

Cartulina blanca

Compás

Regla

Cuerda gruesa

Rotulador grueso

Tijeras

Cinta adhesiva

Póster de nubes

Mesa

Este proyecto demuestra cómo el ojo y el cerebro interpretan el movimiento al unísono, y qué ocurre cuando este mecanismo perceptual se fatiga.

Procedimiento

1. Con la regla mide el diámetro del plato giratorio del tocadiscos. Ajusta el compás a este diámetro y traza un círculo en la cartulina. Recórtalo y practica un orificio con el punzón en el centro, es decir, donde la aguja del compás ha dejado una marca.

2. Corta un trozo de cuerda del mismo diámetro del círculo.

3. Coloca el círculo en el pivote del tocadiscos, ata un extremo de la cuerda al pivote y el otro a media cánula del rotulador.

4. Sostén el rotulador con la cuerda tensa y, con sumo cuidado, desplázalo en círculo alrededor del pivote; con esto consigues trazar una espiral en el círculo. Desata el rotulador del pivote.

5. Invierte el círculo y repite el paso 4, trazando esta vez una espiral en la dirección opuesta.

6. Pega con cinta adhesiva el póster de nubes en la pared y coloca el tocadiscos sobre una mesa, a 1,80 m del póster.

7. Pon en marcha el tocadiscos a 78 rpm (o 33 rpm, si tu equipo no dispone de selector de 78 rpm) y

mira fijamente la rotación de la espiral durante 2 minutos.

8. Mira el póster fijamente.
9. Invierte el círculo y repite los pasos 7 y 8.

Resultado

Durante unos 10 segundos, las nubes del póster parecen desplazarse en el cielo en dirección opuesta a la de la espiral.

Explicación

Los receptores en los ojos trabajan con el cerebro para detectar movimiento hacia dentro y hacia fuera. Cuando miras objetos inmóviles, los receptores interiores y exteriores están equilibrados. Pero cuando miras una espiral, el movimiento provoca fatiga en un conjunto de receptores. Cuando dejas de mirar la espiral y fijas la mirada en el póster, dominan los receptores no fatigados. Ésta es la razón de que veas movimiento en la dirección opuesta. Este efecto es más pronunciado cuando las siluetas de los objetos son vagas o complejas. De ahí que las nubes den un resultado excelente. Sin embargo, los árboles y formaciones rocosas también funcionan a las mil maravillas. Compruébalo tú mismo.

3-D virtuales
con una lente polarizada

Material necesario

Gafas de sol polarizadas

Hilo

Moneda grande

Espuma de poliestireno (base)

Percha metálica

Tenazas

Con la ayuda de la lente polarizada de unas gafas de sol puedes experimentar el movimiento virtual en 3-D sobreimpuesto en una moneda que gira. Para que el proyecto funcione no hace falta desmontar la lente de las gafas.

Procedimiento

1. Dobla una percha en forma de L y clava el lado largo de la L en una base de espuma de poliestireno.

2. Usa un poco de cinta adhesiva para unir el extremo del hilo al dorso de una moneda, atando el otro extremo en lo alto de la percha.

3. Asegúrate de que la moneda suspendida esté situada en un lugar bien iluminado, a ser posible con luz frontal.

4. Siéntate frente al dispositivo y empuja la moneda alrededor de 45° con respecto a su posición de descanso. Con cuidado, suelta la moneda, de manera que oscile de un lado a otro como un péndulo.

5. Sostén las gafas paralelas al movimiento de la moneda y acerca una lente a un ojo. Luego, observa el movimiento pendular con ambos ojos. Anota tus observaciones.

Resultado

La moneda parece viajar describiendo un movimiento de rotación alrededor del alambre del que está suspendida. A medida que la moneda pierde inercia, el bucle se reduce.

Explicación

La simulación de movimiento tridimensional sobre la base de un movimiento esencialmente bidimensional es el resultado de una discrepancia temporal entre las dos imágenes que llegan al cerebro. Dado que sólo permite que pasen a través de ella determinados planos de luz, la lente polarizada ralentiza la luz, de manera que la imagen llega a este ojo una fracción de segundo más tarde que una imagen que llegue hasta el ojo descubierto. Este desplazamiento temporal tiene el mismo efecto, ya que el desplazamiento espacial del tocadiscos estereoscópico engaña al ojo y al cerebro para que perciban un movimiento en 3-D.

Postimagen cromática
en la retina

Material necesario

Lápices de colores o pinturas
Papel blanco
Lámpara direccional de luz brillante

Forzar los ojos, aunque no es aconsejable, puede producir algunos efectos insólitos e interesantes. Este proyecto muestra cómo reaccionan las células receptoras del color en los ojos, llamadas conos, para controlar la fatiga.

Procedimiento

1. Copia el dibujo de la manzana en una hoja de papel blanco utilizando los colores indicados. Sitúa la manzana en un lado del papel para que quede una buena cantidad de espacio en blanco junto al dibujo. No te olvides de los dos puntos, uno en el centro de la manzana y el otro junto a ella, en el área en blanco, a una distancia de alrededor de 7 cm del primer punto.

2. Coloca la lámpara sobre el dibujo y mira fijamente la manzana, concentrándote en el punto interior. Hazlo durante un minuto (cuenta los segundos o usa un cronómetro).

3. Transcurrido el minuto, fija la mirada en el punto del espacio en blanco del papel y espera unos diez segundos.

Resultado

Alrededor del punto aparece la imagen de una manzana correctamente coloreada. Al principio, esta imagen aparecerá en forma de destello, pero ten paciencia, pronto regresará para que puedas verla con más claridad. Dependiendo de la estabilidad de la mirada, presentará una silueta clara o borrosa.

Explicación

La luz se percibe en la parte del ojo llamada retina, que está revestida de células sensibles a la luz (conos y bastoncitos), cada uno de los cuales

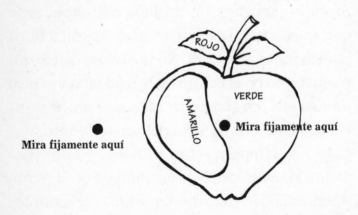

ROJO

VERDE

AMARILLO

● **Mira fijamente aquí**

Mira fijamente aquí ●

tiene una función específica. Los bastoncitos son útiles para la visión nocturna, ya que son menos sensibles al color y más a los contrastes sutiles de la luz que ves en la oscuridad. (De ahí que te «duelan» los ojos cuando pasas de un lugar oscuro a otro de luz intensa.) Los conos son menos sensibles al contraste de la luz y más sensibles al color.

Mirar un color determinado, como por ejemplo el verde, durante demasiado tiempo fatiga los conos sensibles al verde en la retina, porque los obligas a producir constantemente la señal electroquímica «verde» en el cerebro. Cuando por fin desvías la mirada, los conos se «relajan», produciendo una señal para el rojo, el color complementario del verde. Si miras el amarillo durante demasiado tiempo, los conos se relajan y producen azul. El fenómeno de la postimagen cromática significa que cualquier color que fatigue los conos del ojo los inducirá a producir el color complementario en lugar del color de fatiga.

¿Lo sabías?

El «flash verde» ¿es real o imaginario? Mucha gente asegura haber visto un destello verde en los segundos que siguen al ocaso. Las descripciones varían desde un flash localizado en el punto del horizonte por el que desaparece el sol hasta un cambio de matiz en todo el cielo. A partir de lo que ya sabes acerca del efecto de la postimagen cromática, ¿podrías formular una explicación científica para este fenómeno?

Animación fenaquistoscópica

Material necesario

Cartón corrugado cuadrado de 30 cm de lado

Espiga de madera de 0,60 × 20 cm

2 remates de madera de barra de cortina,
   con orificios, que se ajusten a los extremos
   de la espiga

2 perchas metálicas

Plataforma cuadrada de madera o espuma
   de poliestireno de 30 cm de lado

Espejo cuadrado de 30 cm de lado

Cúter

Regla

Lápiz

Cuerda

Rotulador

Papel blanco

Pintura negra

Brocha

Clavo

Tenazas

Pinzas

Compás

El arte de la animación se basa en la incapacidad del cerebro de diferenciar elementos visuales secuencialmente relacionados cuando se emiten en forma de flash o por encima de cierta velocidad. Todos los medios de animación, desde el simple rotapáginas hasta la película de 70 mm, aprovechan esta persistencia de la visión. El fenaquistoscopio, o «dispositivo engañoso», constituyó una innovación muy popular en el mundo de la animación hace alrededor de un siglo.

Construcción de la rueda
Procedimiento

1. Ata un extremo de la cuerda al lápiz. Coloca el cartón en una superficie plana y firme. Con un dedo, sujeta el extremo libre de la cuerda cerca del centro del cartón, mientras con la otra mano sostienes el lápiz y tensas la cuerda.

Haz girar el lápiz hasta que la cuerda mida alrededor de 12,5 cm de longitud. Luego traza un círculo perfecto de 25 cm de diámetro.

2. Utiliza el rotulador y la regla para trazar 12 líneas situadas a la misma distancia en el borde del círculo. Cada línea debe medir 2,5 cm de longitud.

3. Con el cúter y la regla haz una ranura en cada línea. Las ranuras deben ser lo bastante anchas como para ver al través. Usa el clavo para practicar un orificio en el centro del cartón, es decir, donde tu dedo ha dejado una marca.

4. Pinta el círculo de color negro y déjalo secar.

5. Pasa la espiga a través del orificio en el centro del cartón y ajusta los remates de madera en los extremos.

6. Desdobla dos perchas metálicas hasta conseguir sendos alambres de 22,5 cm de longitud. Dobla los extremos de los alambres en forma de gancho (véase ilustración de página anterior). Clava unos 3 cm de cada extremo recto de los alambres en el bloque de espuma de poliestireno o taladra un orificio en la madera para insertarlos.

7. Suspende la espiga en los ganchos de alam-

bre, asegurándote de que el círculo de cartón puede girar libremente.

8. Coloca un espejo en un extremo del mecanismo.

Discos de animación
Procedimiento

1. Con la regla, mide la distancia entre el centro del círculo y el borde interior de una ranura (alrededor de 10 cm).

2. Con el compás y el rotulador traza un círculo de 10 cm de diámetro en el papel blanco. Luego traza tres círculos concéntricos más pequeños en el interior del círculo de 12,5 cm y con el lápiz, sin apretar, marca una serie de «X» dentro de los círculos según se indica en la ilustración. Como observarás, las «X» también están dispuestas en círculo.

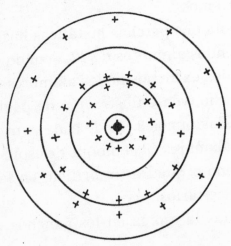

3. Practica un orificio en el centro del círculo donde la aguja del compás ha dejado una señal y luego recorta el círculo. Puesto que este círculo constituirá el bloc de dibujo de tu animación, saca unas cuantas fotocopias del mismo y recórtalas.

4. Recuerda que has dispuesto las «X» en círculos. Sobre cada una de ellas realiza un pequeño dibujo, que por supuesto puede ser más grande que la marca, aunque sin invadir el espacio de una «X» vecina. Asimismo, cada dibujo de un círculo debería estar relacionado con el dibujo anterior, como si estuvieras diseñando las páginas de un rotapáginas.

Funcionamiento del fenaquistoscopio
Procedimiento

1. Retira el remate de madera de un extremo de la espiga e inserta un disco de papel dibujado a lo largo de la espiga hasta que quede situado junto al círculo de cartón, sujetándolo con un poco de cinta adhesiva para evitar que se doble. Coloca de nuevo el remate de madera.

2. Gira el fenaquistoscopio de manera que los dibujos queden orientados hacia el espejo, haz girar el círculo de cartón y mira los dibujos reflejados en el espejo a través de las ranuras.

Resultado

Los dibujos en las series de círculos se combinan para crear tres filas de animación continuada.

Explicación

Toda animación consiste en la estimulación del movimiento proyectando en forma de flash imágenes separadas a una velocidad mayor de la que el ojo es capaz de procesar. A una velocidad que supere 1/16 de segundo, el ojo y el cerebro no pueden distinguir imágenes individuales y éstas se combinan formando una imagen de movimiento continuo.

Fosforescencia en la pantalla del televisor

Material necesario

Televisor

Linterna

Cartulina negra

Papel blanco

Habitación oscura

Una pantalla de televisor produce imágenes extremadamente complejas en fracciones de segundo. Sin embargo, la construcción de la pantalla es relativamente simple y se basa en un fenómeno que te resultará muy familiar si alguna vez has observado tu reloj de muñeca o un reloj con alarma en la oscuridad.

Procedimiento

1. Oscurece al máximo la estancia en la que está el televisor y permanece en ella el tiempo suficiente para que tus ojos se acostumbren a la oscuridad.

2. Con la linterna en la mano, sitúate a 1,5 m de distancia del televisor.

3. Cierra fuerte los ojos, enciende la linterna y desplázala lentamente de un lado a otro frente a la pantalla del televisor. Luego, apaga la linterna y abre los ojos. ¿Qué ves?

4. Vuelve a cerrar los ojos, pon el televisor en marcha y apágalo de inmediato. Abre los ojos y mira la pantalla.

5. Enciende la luz de la habitación, recorta un pequeño cuadrado en el centro de la cartulina y pega un cuadrado de papel blanco sobre él. El cuadrado de papel blanco debería ser ligeramente mayor que el que has recortado en la cartulina.

6. Pega la cartulina en el centro de la pantalla del televisor. Luego, apaga la luz de la estancia y espera hasta que tus ojos se acostumbren a la oscuridad.

7. Cierra los ojos y enciende el televisor. Esta vez, déjalo en marcha durante un par de minutos. A continuación, apágala y mira la pantalla.

Resultado

Desplazando la linterna de un lado a otro has creado una franja de color verde brillante a lo largo de la pantalla, que no es sino la huella que ha dejado el movimiento de la linterna. Encendiendo y apagando el televisor, toda la pantalla se ha iluminado con ese brillo, lo suficiente como para verte las manos. Al pegar la cartulina en la pantalla ha sucedido algo curioso: el papel blanco brilla con un matiz verdoso blanquecino casi como si se tratara de una pantalla de televisor propiamente dicha.

Explicación

La imagen en la pantalla del televisor es el resultado de una corriente de electrones cambiantes procedentes de una pistola de electrones que los dispersa hasta que cubren el interior de aquélla. La superficie interior de la pantalla está revestida de una delgadísima capa microscópica de compuesto de fósforo que absorbe la energía de los electrones y la transforma en luz. El fósforo también retiene la luz después del apagado de la fuente de luz. Los científicos llaman a este tipo de retención de luz química fosforescencia, y la puedes observar claramente al desplazar la linterna y encender y apagar el televisor. La cartulina negra absorbe los electrones que pasan a través de la pantalla, mientras que el papel blanco vuelve a reflejarlos. Esto significa que el papel blanco estimula el fósforo en ambas direcciones, haciendo que el fulgor verde sea más intenso en el área revestida de papel blanco.

Colores aditivos y sustractores

Material necesario
Pantalla de ordenador
Fotografía en color de una revista
Lupa de aumento
Pintura témpera roja, azul, verde y amarilla
Pinceles
Lápices de colores
Papel blanco

Tal vez creas que mezclar colores es algo que se puede realizar fácilmente con unos cuantos lápices o pinturas, pero este proyecto te demostrará que la ciencia de la composición de colores sigue algunas reglas importantes dependiendo del medio utilizado.

Procedimiento
1. Busca una imagen en la pantalla del ordenador con mucho color violeta y anaranjado.
2. Acerca una lupa a algo violeta en la pantalla hasta que dicho color se descomponga en pequeños cuadrados o píxels. Verás colores distintos al violeta.
3. Con lápices de colores dibuja unos cuantos puntos en el papel en blanco, correspondien-

tes a los píxels coloreados que ves en la pantalla. Etiqueta el grupo de puntos con el rótulo «Violeta».

4. Repite los pasos 2 y 3 con algo anaranjado.

5. Observa el primer grupo de puntos etiquetado como «violeta». Mezcla pinturas témpera con la misma combinación de los puntos. ¿Forman el color violeta? Repite este procedimiento con el anaranjado.

6. Elige una fotografía de una revista con tonos violeta y anaranjados, acerca una lupa a cada color y confecciona un grupo de puntos como antes. Luego combina las pinturas témpera a partir de los grupos de puntos. ¿Has obtenido los colores que esperabas?

7. Acerca la lupa a algo blanco en la pantalla del ordenador. Haz lo mismo con una fotografía de revista. Anota tus observaciones.

Resultado

En la pantalla del ordenador, el violeta se compone de puntos azules, verdes y rojos, mientras que el anaranjado es el resultado de combinar puntos rojos y verdes. (Las combinaciones cromáticas variarán un poco dependiendo de la tonalidad exacta del color elegido y del procesado de la información del color de tu pantalla.) Pero cuando mezclas estos colores con la pintura témpera, obtienes dos matices de marrón. La fotografía de la revista obtiene su color combinando azul turquesa, magenta (violeta-rojo), amarillo y negro. Es lo que se denomina impresión en cuatricromía.

Al examinar los violetas y anaranjados de la revista, descubres que el violeta está formado por puntos magenta y azul turquesa, y que el anaranjado se basa en la combinación de puntos magenta y amarillos. La mezcla de estos colores en témpera produce matices similares al violeta y anaranjado.

Al ampliar la imagen en blanco en la pantalla del ordenador y compararla con el blanco de la revista, puedes observar que la primera está compuesta de píxels rojos, verdes y azules, mientras que el blanco de la revista apenas tiene color alguno.

Explicación

Las pantallas de ordenador y las fotografías de revista muestran el color de dos formas diferentes. Las pantallas lo hacen en forma de luz emanada, mientras que las revistas lo hacen en forma de luz absorbida y reflejada. El uso de la luz para confeccionar diferentes colores se denomina mezcla cromática aditiva, y el empleo de la absorción y reflexión se llama mezcla cromática sustractora. Con un color aditivo como el amarillo, las longitudes de onda del verde y el rojo se combinan (añaden) e interfieren para crear el amarillo, pero un amarillo sustractor absorbe (sustrae) todos los demás colores del espectro y refleja únicamente el amarillo.

La reproducción con pintura de las combinaciones cromáticas observadas en la pantalla ha resultado un fracaso, ya que la pintura es un medio cromático sustractor. Por el contrario, has tenido más éxito al usar la pintura para crear los colores que viste en la revista.

Efecto estroboscópico
de una pantalla de ordenador

Material necesario

Pantalla de ordenador o de televisor
Algo crujiente para masticar
Habitación en penumbra

La pantalla fosforescente del ordenador o del televisor se diseñó para «engañar» a tus ojos con el fin de que vieran una imagen continuada. Esto se basa en el hecho de que la mayoría de la gente se sienta para ver imágenes en una pantalla. Pero con un ligero movimiento podrás descubrir cuál es la causa de esta ilusión óptica. Aunque puedes llevar a cabo el experimento con una pantalla de ordenador o de televisor, el efecto será más pronunciado con una imagen estable que con otra en movimiento.

Procedimiento

1. Enciende la pantalla de tu ordenador, deja la estancia en penumbra y sitúate a 3,5 m de la pantalla.
2. Quédate de pie, inmóvil, y mira la pantalla durante unos segundos. Luego introdúcete algo crujiente en la boca y, mientras lo masti-

cas, mira fijamente la pantalla, concentrándote en un punto. Termina de mascar y traga el tentempié antes de continuar con el paso siguiente.

3. Sin botar demasiado, corre un poco sobre el propio terreno mientras miras la pantalla.

4. Ladea la cabeza de un lado a otro mientras continúas mirando fijamente la pantalla.

Resultado

Cada uno de tus movimientos hace que la imagen se descomponga en bandas de luz y oscuridad, o que incluso parpadee.

Explicación

Masticar, correr sobre el propio terreno y ladear la cabeza son actividades que provocan una rápida vibración de ésta, lo cual significa que la imagen de la pantalla en la retina también vibra. Esto no plantea ningún problema con las imágenes ordinarias, pero la de un ordenador constituye una especie de luz estroboscópica que parpadea –se enciende y se apaga– 60 veces por segundo. El cerebro experimenta una cierta confusión con ambos tipos de datos –la imagen vibrante en la retina y la imagen parpadeante en la pantalla– y es incapaz de procesar la información visual como lo haría normalmente.

Velocidad de regeneración de la imagen en la pantalla de un ordenador: test del lápiz

Material necesario

Pantalla de ordenador o televisor

Lápiz

Experimentando con diferentes tipos de movimiento frente a una pantalla de ordenador puedes empezar a comprender cómo crea imágenes. El resultado variará dependiendo de la clase y tamaño de ordenador. Así pues, es posible que tengas que intentarlo varias veces, incluso oscureciendo la estancia para realzar el efecto si fuera necesario.

Procedimiento

1. Enciende la pantalla de tu ordenador y deja que muestre una imagen simple con un color uniforme.

2. Siéntate cerca de la pantalla y sostén un lápiz junto a ella, prácticamente tocándola. Sujeta el lápiz de manera que apunte hacia arriba y cruce el centro de la pantalla.

3. Concentra la mirada en algunos detalles de la pantalla, y luego desplaza el lápiz a derecha e izquierda a través de la pantalla, siguiendo la punta, pero sin mirarla directamente. Poco a poco, aumenta el movimiento hasta alcanzar la máxima velocidad posible. Ahora detente.

4. Sostén el lápiz de manera que apunte hacia un lateral de la pantalla. Repite el paso 3, pero esta vez desplazándolo arriba y abajo en lugar de derecha a izquierda. Anota tus observaciones.

Resultado

Ambos movimientos descomponen el desplazamiento del lápiz en pequeños «fotogramas» del movimiento del lápiz a través de la pantalla. Aunque desplazar el lápiz arriba y abajo no tiene efecto apreciable alguno en la forma del lápiz, moverlo de derecha a izquierda produce la sensación de que la punta se dobla en la dirección opuesta del movimiento. Esta ilusión es más acusada cuanto más deprisa se desplaza el lápiz.

Explicación

Cuando miras una pantalla de ordenador o televisor, no ves una imagen estable, sino un efecto estroboscópico de parpadeo que se redibuja o regenera a sí mismo de arriba abajo. Esta velocidad de regeneración se mide en ciclos llamados megaherzios (MHz) y se produce tan aprisa que el ojo humano percibe una imagen continua. Las pantallas de ordenador ordinarias se regeneran a 60 MHz, lo que significa que la luz parpadea alrededor de 60 veces cada segundo. Dado que la imagen se redibuja de arriba abajo, el movimiento de izquierda a derecha del lápiz se distorsiona, ya que sus extremos superior e inferior se detienen varias veces.

Visor 3-D de Wheatstone

Material necesario

2 fotos estereoscópicas de 20 × 25 cm (véase
«Pares estereoscópicos de visión libre»)

2 espejos acrílicos de 20 × 25 cm

2 cartones cuadrados de 20 × 25 cm

4 clips

Cinta adhesiva

Cúter

Mesa y silla

Este proyecto requiere la ampliación de un par
de fotografías estereoscópicas de confección ca-
sera. También puedes hacer dibujos estereoscópicos para el visor, aunque una fotografía compuesta con cuidado proporcionará una mayor
perspectiva y producirá un efecto más espectacular. Puedes utilizar fotos monocromas o en color. Sin embargo, si quieres obtener el mejor resultado en blanco y negro, selecciona una foto
que tenga un contraste pronunciado y pocos tonos de gris.

Hubo una época en que las fotografías tridi-
mensionales o estereoscópicas fueron extremadamente populares. Aunque los fundamentos de
la visión estereoscópica humana se discutieron a

principios de 1800, no existía ningún método para demostrar tales teorías, hasta que sir Charles Wheatstone inventó el visor de Wheatstone y lo presentó en la British Royal Society en 1838. El dispositivo era muy simple: dos grandes espejos abisagrados permitían al observador situar el rostro en el vértice de unión y experimentar la estereografía de imágenes mezcladas. En el espejo se reflejaba un par de grandes fotografías estereográficas que, al combinarse con el ojo y el cerebro, producían una única escena tridimensional.

Procedimiento

1. Coloca los espejos juntos en la mesa, únelos con cinta adhesiva por el lado más largo y recorta con el cúter la cinta sobrante.

2. Sujeta con cinta adhesiva una pieza de cartón a cada lado exterior de los espejos unidos. Recorta la cinta sobrante.

3. Pon los espejos y los cartones de pie, con la cara reflectora de los espejos mirando hacia ti. Deberías tener un visor parecido a un acordeón y con los espejos en el centro. Procura que las juntas de unión estén lo bastante sueltas como para ajustar la forma del visor.

4. Sujeta con clips una fotografía a cada una de las piezas de cartón exteriores. Cada foto debería cubrir totalmente el cartón.

5. Tira del visor hasta el borde de la mesa para que puedas colocar tu rostro en la junta central de los espejos. Dóblalos en un ángulo de 90°.

6. Dobla cada fotografía en un ángulo de 45° respecto a su espejo. Las fotos deberían quedar paralelas.

7. Para ver cómo crean las fotografías una imagen 3-D, sitúa el rostro directamente frente a la junta central. Es posible que tengas que ajustar el ángulo de los espejos y las fotografías hasta ver un reflejo único e ininterrum-

pido en los espejos. No intentes fijar la mirada; deja que los ojos se relajen hasta que las imágenes se fundan en una sola imagen tridimensional.

Resultado

Durante un rato, una imagen reflejada dará la impresión de estar flotando sobre la otra, pero al final se fundirán en una sola con un efecto asombroso. Recuerda que un par estereoscópico consiste en dos visiones ligeramente diferentes del mismo objeto. Esta sutil alteración en la perspectiva entre las dos fotos simula el grado de desplazamiento entre la visión de cada ojo. Cuando los espejos del visor sobreimponen las fotografías y te obligan a verlas como si de una sola se tratara, el cerebro «enloquece».

Estereoscopio de mesa

Material necesario

2 espejos de bolsillo del mismo tamaño

2 piezas de contrachapado grueso y un poco
   más pequeñas que los espejos (monturas)

2 piezas de contrachapado un poco
   más pequeñas que los espejos (bases)

2 bloques de madera de 2,5 × 7,5 × 12,5 cm

2 piezas de Masonite o contrachapado fino
   de 12,5 × 22,5 cm

4 escuadras metálicas y tornillos de sujeción

4 tornillos para madera

4 aros de goma

2 dibujos o fotografías estereoscópicas (véase
   «Pares estereoscópicos de visión libre»)

Desde mediados de 1800 hasta la década de 1930,
las fotografías estereoscópicas gozaron de una
extraordinaria popularidad. Aunque los fundamentos de la visión estereoscópica humana se
discutieron a principios de 1800, no existía ningún método para demostrar las teorías hasta que
sir Charles Wheatstone inventó un dispositivo de
espejos angulados. Abisagrados y ajustables, los
grandes espejos se utilizaron con un par de fotografías cuidadosamente desplazadas que, al ob-

servarse a través del visor de Wheatstone, producían una escena en tres dimensiones. Este proyecto recrea el dispositivo de Wheatstone como modelo de sobremesa.

Procedimiento

1. Centra y pega dos de las monturas de contrachapado al dorso de los espejos, de manera que sólo sobresalgan alrededor de 0,60 cm de cada lado.
2. Mide los lados más largos de cada pieza de contrachapado y haz una marca a lápiz en el punto central del borde.

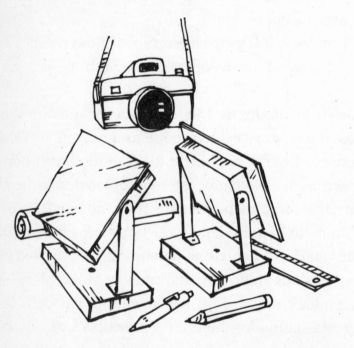

3. Atornilla el lado largo de cada escuadra en las marcas a lápiz, con el lado corto mirando hacia dentro. Atornilla los lados cortos en las bases de contrachapado. Aprieta los tornillos en las bases, pero asegurándote de que los espejos montados pueden bascular.

4. Para confeccionar los tableros de montaje para las fotografías estereoscópicas, atornilla los lados de 12,5 cm de las tiras de Masonite a los lados de 12,5 cm de los bloques de madera.

5. Coloca de pie los tableros sobre los bloques y pasa dos aros de goma alrededor de cada uno de ellos.

6. Sitúa los tableros de montaje en los lados opuestos del visor finalizado, de tal modo que cada tablero mire hacia un espejo desde una distancia de unos 20 cm.

7. Para operar el visor, coloca de lado un dibujo o fotografía estereoscópica en cada tablero de montaje, con la parte superior de la fotografía apuntando en dirección opuesta a tu posición. Asegura la foto con los aros de goma.

8. Colócate directamente sobre el visor y mira en los espejos, ajustándolos de manera que veas dos fotos, una flotando sobre la otra. Desplaza las fotografías si es necesario para que ocupen completamente los espejos.

9. Relaja los ojos y espera hasta que las dos imágenes se fundan en una sola.

Resultado

Las dos fotografías se funden en una escena tridimensional, la cual se desvanece al inclinar uno de los espejos o mover una de las fotografías.

Explicación

Los espejos envían al cerebro dos visiones ligeramente diferentes de la misma escena. El grado de desplazamiento entre las dos fotografías simula el grado de desplazamiento entre la visión de cada ojo. El cerebro interpreta esta visión binocular en tres dimensiones.

Pares estereoscópicos
de visión libre

Material necesario
Cámara de 35 mm o cualquier cámara
   de usar y tirar
Papel de calco
Lápiz
Bolígrafo
Regla

Un par estereoscópico consiste en dos fotografías o dibujos idénticos de un mismo objeto, salvo que la visión de una foto está ligeramente desplazada de la visión en la otra. Cada fotografía simula la visión independiente de cada ojo que el cerebro combina en una sola escena tridimensional. Aunque los fundamentos de la visión estereoscópica ya se conocían y se crearon pares estereoscópicos a principios de 1800, no existía ningún mecanismo para verlos con facilidad hasta que sir Charles Wheatstone inventó su visor de Wheatstone en 1838. Con anterioridad al visor, quienes deseaban disfrutar de los pares estereoscópicos tenían que aprender a visualizarlos libremente. En este proyecto crearás pares estereoscópicos de fotografías y dibujos y los visualizarás libremente.

También puedes observar tus pares en un visor estereoscópico (véase «Visor 3-D de Wheatstone» y «Estereoscopio de mesa»).

Dibujos estereoscópicos
Procedimiento

1. Mira los dibujos A y B, fijándote en los cuatro planos de perspectiva (cerca, conejo, casa y nubes) y en cómo estos cuatro elementos se han trasladado al dibujo B.

2. Podrías colocar cualquier objeto en cada uno de los cuatro planos, pero cuanto más alejado está en el dibujo A, más debe desplazarse a la derecha en el B.

3. Para empezar un nuevo par estereoscópico, coloca una hoja de papel de calco sobre el dibujo A y dibuja cinco objetos nuevos, de manera que el primero esté más cerca de ti y el último más lejos. Utilízalo como nuevo dibujo A.

A   B

4. Coloca una hoja de papel de calco sobre el nuevo dibujo A y traza el objeto más próximo en la misma posición. Luego desplaza el papel de calco alrededor de 0,5 cm a la izquierda y traza el siguiente objeto. Desplaza de nuevo el papel 0,5 cm a la izquierda y traza el siguiente objeto, y así sucesivamente hasta haber dibujado todos los objetos del dibujo A en el dibujo B.

5. Recorta los dos dibujos y pégalos por los lados con cinta adhesiva en una pieza de cartón.

Fotografías estereoscópicas
Procedimiento

1. Utiliza la guía de la cámara para situarla correctamente en cada fotografía del par estereoscópico. Fotocopia la guía del libro y luego colócala en una superficie plana, con la flecha mirando hacia ti. Puedes usar la guía para sacar fotografías horizontales o verticales. Para las verticales, coloca la cámara de pie.

2. Apoya la parte posterior de la cámara en la línea B y el lado izquierdo de la misma en la línea A.

3. Dile a quien vaya a posar que se sitúe a 1,5 m frente a ti o enfoca cualquier objeto situado a esta distancia. Saca la primera foto.

4. Con la parte posterior de la cámara siempre en la línea B, desplaza la cámara de manera que su lado izquierdo toque la línea C. El modelo o el objeto que quieres fotografiar no debe moverse. Saca la segunda foto.

5. Pega por los lados con cinta adhesiva las fotos reveladas en una pieza de cartón.

Visualización libre
Procedimiento

1. Concéntrate en algún objeto situado a 6 m de distancia. Mientras lo miras, desplaza lentamente el cartón que contiene los dibujos o fotografías frente a ti hasta una distancia de 30 cm.

2. Deja que los ojos vean imágenes dobles y no los fuerces para que consigan fundirlas. Relaja los ojos y concéntrate en el área donde las dos imágenes parecen solaparse. Si no obtienes ningún resultado y sólo distingues dos fotos separadas, repite el paso 1.

Resultado

Con un poco de práctica, el área de solapamiento de las fotografías se fundirá en una sola visión estereoscópica.

Explicación

Cuando estén relajados, los ojos dejarán de ver cada fotografía individualmente y las fundirán para crear una sola visión estereoscópica. Esto se produce porque estás observando el par oblicuamente, con la mirada fija a un determinado objeto virtual situado más allá del cartón.

Luz y sonido

Exploración de la armonía virtual con un armonógrafo

Material necesario

Espiga cuadrada de madera de 2 × 2 × 1 m

Espiga cuadrada de madera de 2 × 2 × 1,10 m

Espiga cuadrada de madera de 2 × 2 × 25 cm

Espiga cuadrada de madera
de 2,20 × 2,20 × 22,5 cm, cortada por la mitad

Plancha acrílica transparente de 35 × 55 cm

2 tableros de 2,5 × 7,5 × 52,5 cm

2 tableros de 2,5 × 7,5 × 32,5 cm

4 postes cuadrados de madera de 5 × 5 × 90 cm

Varilla medidora de madera o agitador
de pintura (de usar y tirar)

Contrachapado fino o Masonite cuadrado
de 25 × 25 cm

2 tiras finas de cobre de 2,5 × 7,5 cm

8 tornillos para madera de cabeza plana de 4 cm

8 tornillos para madera de cabeza plana de 2 cm

10 tornillos de máquina y arandelas

8 clavos

Tornillo de mariposa con 3 arandelas metálicas

2 abrazaderas ajustables con tornillos

Rotulador de punta fina

Cinta adhesiva

2 vasos de papel de 120 ml

Yeso

Vaselina

Taladro

Sierra para ingletes

Sierra de marquetería

Cúter

Clip sujetapapeles grande

Lápiz

Papel de vitela

Este proyecto te permitirá construir un dispositivo que gozó de una gran popularidad a finales del siglo XIX y principios del XX: el armonógrafo.

Los entusiastas de la ciencia victoriana quedaban maravillados ante el movimiento combinado de sus péndulos duales que trazaban intrincadas figuras sobre el papel. No obstante, lejos de ser una pura novedad, el armonógrafo demostró importantes principios del movimiento armónico periódico. Resumiendo, podríamos decir que esta ley expresa que un péndulo desplazado y soltado a 45° de su posición de descanso basculará a 45° en la dirección opuesta de dicha posición. El movimiento se repite y es periódico hasta que el péndulo pierde inercia y se detiene.

El número de basculaciones por unidad de tiempo constituye la frecuencia del péndulo. Esto significa que un péndulo más corto que bascule rápidamente tendrá una mayor frecuencia que otro largo y de basculación lenta. Comparando las frecuencias de ambos descubrirás la auténtica fascinación del armonógrafo. Dado que la frecuencia describe vibración, un péndulo basculante «vibra» virtualmente como si se tratara de un tono acústico, aunque a una velocidad muy inferior. En realidad, un armonógrafo de péndulo dual demuestra la combinación de dos tonalidades musicales, o armonías, extraordinariamente ralentizadas.

Secretos armónicos

Cuando dos tonos suenan al mismo tiempo, el efecto es consonante (agradable) o disonante (desagradable). Hace más de dos mil años, el filósofo y matemático griego Pitágoras descubrió que la experiencia placentera de la armonía musical se produce cuando el coeficiente entre las frecuencias de dos cuerdas tañidas es bajo, como por ejemplo 1:1, 2:1 o 3:2. Cuando el coeficiente es alto se produce la disonancia.

La escala musical utilizada en Occidente se basa en el descubrimiento de Pitágoras. Consiste en una serie de octavas en cada una de las cuales el tono más alto (octava) tiene una frecuencia el doble del tono más bajo (unísono). Aunque cada octava consta de doce notas, lo que nos interesa aquí y ahora son los siete tonos de la escala diatónica (do, re, mi, fa, sol, la, si).

El armonógrafo traduce las relaciones armónicas entre los siete tonos en forma visual. Para ello, utiliza dos péndulos, uno con el peso situado en la posición más baja, mientras el peso del otro se desplaza hasta la altura en la que se consiga producir el coeficiente requerido. De este modo, dos vibraciones se combinan en un solo dibujo, al igual que dos tonos musicales que suenan al mismo tiempo producen armonía.

Aguja y péndulos de la plataforma
Procedimiento

1. Corta la espiga de madera de 22,5 cm en dos mitades iguales. Vuelve del revés un vaso de papel, ajusta la espiga y traza su perímetro en la base del vaso para obtener un cuadrado centrado de 2,2 cm. Corta el cuadrado con dos diagonales y dobla hacia abajo las aletas. Repite la misma operación con el segundo vaso.
2. Coloca una hoja de papel encerado sobre la mesa y aplica una capa de vaselina a cada una de las dos espigas de madera de 11,25 cm, casi hasta arriba.
3. Pon los vasos verticales y coloca la espiga de madera de 11,25 cm en cada uno de ellos, con el extremo engrasado abajo. Los extremos de las espigas deberían quedar ajustados en las aletas de los orificios cuadrados.
4. Añade medio vaso (120 ml) de arena a 225 g de yeso, agita el yeso hasta que parezca masilla y luego viértelo con una cuchara en los vasos de papel, sosteniendo las espigas verticales. Deja secar el yeso alrededor de las espigas.
5. Una vez seco el yeso, retira con cuidado los vasos de los moldes y luego extrae suavemente las espigas. Deberías tener dos pesos con dos aberturas cuadradas de 2,2 cm en el centro.

6. Mide y marca 80 cm desde la base de las espigas de madera de 1,10 m y 95 cm. Son los puntos de fulcro de los péndulos. Marca «0» en los puntos de fulcro y «80» en la base de los péndulos.

7. Traza ocho señales gruesas a lo largo de cada péndulo, a las distancias siguientes, desde el fulcro: 20,1 cm; 23,9 cm; 31,6 cm; 35,9 cm; 45 cm; 52,5 cm; 55,7 cm y 64 cm.

8. Empieza con el péndulo de 80 cm. Midiendo desde la marca de 80 cm, corta una cuña de la espiga con la sierra de marquetería. Inserta la tira de cobre en posición horizontal y céntrala en la espiga. Coloca de nuevo la cuña, asegúrala con cinta adhesiva y luego practica un orificio con el taladro a través de la cuña, la tira y la espiga, de tal modo que puedas insertar un tornillo y unir todas las piezas. Repite la misma operación con el péndulo de 1,10 m.

9. Coge el péndulo de 1,10 m y mide 3,75 cm desde el extremo superior (la parte más corta desde el fulcro). Taladra un orificio en el centro de la espiga lo bastante grande como para insertar un tornillo de mariposa.

10. Corta la varilla medidora o agitador de pintura de usar y tirar a 30 cm. Mide 2,5 cm

desde el extremo final y taladra un orificio de las mismas dimensiones que el de la espiga.

11. Fija la varilla medidora en la espiga, en posición horizontal, con un tornillo de mariposa y arandelas, asegurándote de que la varilla pivota libremente contra el péndulo.

12. Traza líneas diagonales de conexión entre las esquinas de la plataforma de 25 × 25 cm. El punto de cruce de las líneas indica el centro de la plataforma. Fija el extremo de la espiga de madera de 95 cm al punto central con un tornillo de cabeza plana.

13. Pon los pesos de yeso en la base de cada péndulo y fíjalos con una abrazadera circular para que no se desplacen.

Construcción de la mesa
Procedimiento

1. Clava los tableros de 2,5 × 7,5 cm juntos formando un rectángulo y fija un poste cuadrado en cada esquina con dos tornillos de 3,75 cm. Comprueba que la mesa está nivelada, colocando cuñas de madera debajo de cada poste si es necesario.

2. Con el taladro y la sierra de marquetería haz dos orificios rectangulares de 2,5 × 7,5 cm en la plan-

cha acrílica transparente de 35 × 55 cm. Luego coloca la plancha sobre la mesa y taladra ocho orificios pequeños a lo largo de su perímetro. Fija la plancha a la mesa con tornillos de máquina y arandelas.

Ensamblado y funcionamiento
Procedimiento

1. Retira los pesos de la base de los péndulos. Desplaza el péndulo de la aguja hasta el orificio horizontal en la plancha acrílica y coloca el fulcro con la tira de cobre de manera que quede situado exactamente en el centro del orificio.

2. Desliza el péndulo de la plataforma en el orificio vertical en la plancha acrílica y centra el fulcro con la tira de cobre. Deberías tener dos péndulos equilibrados: el péndulo de la aguja balanceándose horizontalmente y el péndulo de la plataforma balanceándose verticalmente.

3. Coloca cinta adhesiva alrededor del centro del bolígrafo y pégalo en el extremo de la varilla medidora con un gran clip sujetapapeles.

4. Para asegurar una superficie suave, reviste con cinta adhesiva las esquinas del tablero de 25 × 25 cm a la plataforma de madera del péndulo de la plataforma. Luego pega con cinta

adhesiva un cuadrado de papel de vitela al tablero.

5. Coloca de nuevo los pesos en la base de los péndulos y comprueba que la punta del bolígrafo se apoya en el centro del papel. Tal vez tengas que ajustar las posiciones del fulcro de los péndulos hasta conseguir que todo quede perfectamente alineado.

6. Para operar el armonógrafo, tira de los dos péndulos hacia atrás, hasta su punto más elevado. Suelta un péndulo y luego suelta el otro cuando el primero esté a medio camino. Deja que el movimiento de los péndulos se combine y se registre en forma de dibujo por la acción del bolígrafo sobre el papel.

7. Deja el peso en la misma posición en el péndulo de la aguja, pero desplázalo hasta la marca siguiente en el péndulo de la plataforma. Repite el paso 6.

8. Continúa desplazando el peso en el péndulo de la plataforma. Reúne los dibujos y compáralos.

Resultado

Cada combinación de tonos o intervalos crea una figura diferente. Las figuras más complejas se producen al combinar tonos con coeficientes más altos.

Tocadiscos con tablero de espuma

Material necesario

Disco de tocadiscos de 25 cm
(no uses uno que temas dañar)
Tablero de espuma de 30 × 60 cm
Alfiler de sombrero o aguja de tocadiscos
2 lápices
Varilla medidora
Cúter
Sierra
Cinta transparente
Clavo grande
Tenazas

Las ondas acústicas viajan de un modo más eficaz a través de muchos sólidos que a través del aire. Pero lo cierto es que deben hacerlo a través del aire para que lleguen hasta nuestros oídos. Esto significa que las vibraciones en un medio sólido deben traducirse en ondas de compresión en el aire para que el sonido alcance nuestros tímpanos. En este proyecto, este proceso se explora mediante la construcción de un tocadiscos con un tablero de espuma.

Procedimiento

1. Con el lápiz y la varilla medidora divide el tablero de espuma en tres secciones de 20 × 30 cm, y con un cúter practica pequeñas hendiduras en el tablero de espuma allí donde se unen los bordes.

2. Dobla el tablero de espuma y coloca el extremo de la varilla medidora en las dos hendiduras. Con el cúter, marca con cuidado el tablero entre las dos hendiduras, cortando solamente la capa de papel.

3. Vuelve del revés el tablero de espuma y dóblalo cuidadosamente hacia ti a lo largo de las

marcas, hasta disponer de un tríptico en forma de tienda plegable.

4. Con la sierra corta el extremo de la goma de borrar del lápiz, justo antes de la banda metálica.

5. Utiliza el clavo grande para practicar un orificio en el tablero de espuma a 5 cm del borde derecho del papel (a 2,5 cm del borde inferior) más grande del tablero. Ensancha el orificio con el clavo hasta que puedas insertar la pieza de lápiz. Es el pivote.

6. Mide 5 cm desde el borde inferior de la tercera pieza de espuma y haz una señal con el lápiz.

7. Coloca el alfiler de sombrero a 2,5 cm o una aguja de tocadiscos del mismo tamaño. Reviste con una tira estrecha de cinta transparente el extremo romo de la aguja de sombrero e inserta con cuidado este extremo directamente en el borde del tablero de espuma.

8. Esparce con una brocha un poco de cemento de caucho sobre una sección de la etiqueta del disco. El cemento crea una buena sujeción para que el disco gire y se puede decapar con facilidad.

9. Para hacerlo funcionar, coloca el disco en el pivote y ajusta el tablero de tal modo que la aguja descanse en el borde del disco. Sujeta el tablero de espuma con una mano y, con la

otra, haz girar el disco en la dirección contraria a la de las manecillas del reloj, presionando la goma de borrar del lápiz en la parte adhesiva de la etiqueta.

Resultado

Al hacer girar el disco, puedes oír música saliendo del hueco triangular que forma el tablero de espuma doblado.

Explicación

Este sencillo dispositivo produce sonido con un disco, una aguja de reproducción, un resonador y un medio de conducción.

Disco y aguja: Cuando la aguja se desplaza por los surcos de la superficie del disco, vibra a distintas frecuencias dependiendo del tamaño y la forma de los surcos. Esta técnica de reproducción del sonido traduce la información de una cantidad física (surcos del disco) en otra cantidad física (vibraciones de la aguja).

Reproductor y resonador: Las vibraciones en la aguja tienen una amplitud tan baja (volumen) que no puedes oírlas demasiado bien. Se necesita un método para conducirlas desde la aguja hasta algo más grande que resuene más. En este sentido, la pieza de tablero de espuma que contiene la aguja da buenos resultados. Actuando a modo de reproductor, el tablero reproduce las vibraciones de la aguja con una mayor amplitud.

Pero para poder oírlas realmente, las vibraciones necesitan un resonador o algún tipo de contenedor que les permita desplazarse desde el tablero de espuma hasta el medio de conducción del aire. La cámara del resonador debería tener un diseño que soportara las vibraciones y permitiera que su amplitud se incrementara aún más. La cámara de resonancia de tu tocadiscos es el espacio triangular creado por la base y las dos secciones dobladas del tablero de espuma. Desde allí, el sonido viaja en ondas de compresión que llegan hasta tus oídos.

¿Lo sabías?

Los primitivos tocadiscos acústicos, o fonógrafos, reproducían el sonido sin necesidad de electricidad. Aquellas elegantes máquinas funcionaban por medio de la simple transferencia de vibraciones que hemos examinado anteriormente. Observa una fotografía de algún viejo fonógrafo. Aunque el ingenio parece tener muchas partes, ¿te ves capaz de identificar la aguja, el reproductor y el resonador?

Relaciones de desplazamiento de fase en diapasones

Material necesario

2 diapasones del mismo tamaño

2 latas de conserva del mismo tamaño

Madera contrachapada

4 tiras de madera de 2,5 × 2,5 × 15 cm

Bloque de madera del mismo diámetro
 que las latas de conserva

Cola blanca

Cinta transparente

Abrelatas

Regla

Taladro

Las ondas acústicas, al igual que cualquier otro tipo de onda, pueden complementarse o interferir entre sí. En el caso de las ondas luminosas, esta interferencia puede dar como resultado la aparición de una gama de colores en la superficie de una pompa de jabón. Con el sonido, la interferencia produce el fenómeno de desplazamiento de fase que demuestra este proyecto.

Diapasones y resonadores
Procedimiento

1. Extrae la base de las latas de conserva con un abrelatas.

2. Mide el diámetro de las latas con la regla y luego pega las tiras de madera al tablero contrachapado, de manera que cada par de tiras calce una lata e impida su movimiento. Deja secar la cola.

3. Inserta el bloque de madera en una de las latas. Debería ser lo bastante grueso como para presionar contra los lados.

4. Coloca la lata en posición horizontal y, con el bloque de madera soportando la lata, practica un orificio con el taladro en el lateral de la

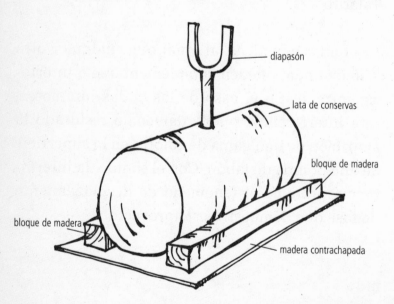

diapasón

lata de conservas

bloque de madera

bloque de madera

madera contrachapada

lata. El orificio debería ser lo bastante grande como para insertar el extremo del diapasón, pero lo suficientemente pequeño para evitar que resbalara hacia abajo. Repite esta operación con la otra lata.

5. Coloca las latas entre las tiras de madera, con los orificios mirando hacia arriba.

Comparación de fases
Procedimiento

1. Reviste una de las púas de un diapasón con cinta transparente.

2. Coge los dos diapasones y golpéalos contra el borde de la madera al mismo tiempo.

3. Coloca rápidamente cada diapasón en su orificio correspondiente. Escucha y describe lo que oyes.

Resultado

La acción combinada de los dos diapasones produce un característico sonido pulsante: fuerte, débil, fuerte, débil, y así sucesivamente hasta que la vibración de los diapasones se desvanece.

Explicación

Los diapasones producen dos frecuencias de sonido diferentes que se combinan y producen el efecto pulsante. Esto es debido a que las vibraciones de los diapasones están momentáneamente en tono, luego fuera de tono, más tarde de nuevo en tono, etc. Cuando las ondas combinadas llegan a tus oídos en tono, están en fase y el sonido es más fuerte.

Dado que un sonido de una determinada frecuencia produce una longitud de onda específica, un segundo sonido de diferente longitud de onda puede interferir con la longitud del primer sonido. En efecto, cuando la cresta de una onda coincide y solapa la cresta de otra onda, se produce un sonido más fuerte. Pero cuando la cresta de una onda solapa la depresión de otra, el sonido que oyes es más débil.

¿Lo sabías?

Uso del sonido para crear silencio: El concepto de interferencia ha conducido a algunas ideas interesantes para nuevas tecnologías. Dado que es posible que las ondas se solapen para producir un sonido compuesto más débil, es teóricamente posible crear ondas que se neutralicen por completo, de manera que su efecto combinado sea el silencio absoluto. La idea de usar una interferencia destructiva para crear silencio es fascinante y ya se ha intentado, con resultados esperanzadores. Los científicos, estudiando el sonido de una ruidosa tienda de máquinas de juegos, utilizaron un ordenador para generar una «imagen negativa» de aquel sonido. Al emitir el sonido creado de ese modo en el ambiente de la tienda, casi se produjo un silencio total.

Birrefringencia
en una hoja de celofán

Material necesario
2 cristales pequeños de marco de fotografía
2 filtros polarizados
Celofán
Luz blanca o luz solar
Cinta adhesiva
Cinta transparente

Con este proyecto se demuestran las insólitas cualidades ópticas de determinados plásticos de celofán, los cuales imitan el comportamiento de refracción de la luz de una amplia gama de cristales que se pueden encontrar en la naturaleza.

Algunos materiales tienen la capacidad de alterar las ondas luminosas de formas habituales. Los físicos los denominan «birrefringentes», lo que significa que, cuando la luz penetra en ellos, la refractan (desvían) dos veces en sendas direcciones diferentes. Cuando se mira a través de un material muy birrefringente, como la calcita, se ve una imagen doble. En realidad, si sostienes un cristal de calcita sobre un periódico, la letra impresa es visible no sólo a través del cristal, como sería de esperar, sino también justo debajo de su superficie superior, como si estuviera proyectada en una pantalla.

La birrefringencia es una propiedad de los cristales no cúbicos o anisotrópicos. A diferencia de los cristales cúbicos o isotrópicos, los cristales birrefringentes (incluyendo los cristales líquidos) poseen una estructura molecular que les permite desviar la luz no sólo en dos direcciones y en dos planos, sino también en ondas de desplazamiento rápido y lento llamadas ordinarias y extraordinarias. Cuando tales ondas se pasan a través de un material birrefringente, tienen la capacidad de interferirse entre sí y producir una gama de colores de desplazamiento, visibles únicamente a través de un par de filtros polarizados.

Muchos materiales sintéticos, tales como el cristal y el plástico, tienen propiedades birrefringentes, ya que su estructura molecular imita la de un cristal anisotrópico. Para observar el efecto birrefringente, se proyecta la luz a través del material y luego a través del primer filtro polarizado o polarizador. A continuación, la luz procedente del polarizador viaja a través del segundo filtro, llamado analizador.

Procedimiento

1. Arruga una hoja de celofán y colócala entre dos piezas de cristal.

2. Pon cinta adhesiva alrededor de los bordes de las piezas de cristal para sellarlas.

3. Pega el primer filtro polarizado (polarizador) al cristal con un poco de cinta transparente.

4. Encaja el cristal entre dos montones de libros, con el filtro polarizado mirando hacia ti.

5. Coloca la lámpara detrás del cristal, a unos 90 cm de distancia.

6. Mira el cristal a través del segundo filtro polarizado (analizador). Gíralo lentamente y anota tus observaciones.

Resultado

La porción de celofán visible a través del polarizador está cubierta de colores cambiantes, incluyendo las tiras de cinta transparente con las que has pegado el filtro. Al hacer girar el analizador, los colores parecen cambiar y alterar su posición.

Explicación

El celofán se compone de moléculas en cadena que se comportan ópticamente como las de los cristales anisotrópicos. Dicho de otro modo, el celofán es birrefringente. Cuando la luz blanca viaja a través del celofán y se desvía en dos planos, las ondas ordinarias se desplazan más deprisa que las extraordinarias. Las ondas, que viajan a diferentes velocidades a través de los distintos grosores del celofán, producen una multitud de colores. La interferencia entre las ondas crea los espacios de desplazamiento de tales colores.

Visualizar el celofán a través de un par de filtros polarizados te permite ver estas figuras con más claridad.

Observación de la luz polarizada en una solución cristalina

Material necesario

Vaso de precipitados de 2 litros
Mechero Bunsen para el vaso de precipitados
Proyector de diapositivas o luz direccional similar
Plancha polarizada
Espejo con balanceo regulable
Azúcar
Agua
Cazo

Este proyecto muestra cómo un simple jarabe de azúcar puede desviar la luz blanca en múltiples planos de refracción, dando como resultado un cromatismo espectacular.

El movimiento de la luz

A primera vista, el concepto de ondas luminosas viajando en planos podría parecer inverosímil, pero piensa en el movimiento ondulado de una cuerda tensa. Si sueltas un extremo de la cuerda y agitas el otro arriba y abajo, una onda viaja a través de la cuerda reflejando el movimiento arriba-abajo de la mano. Y si lo haces de un lado a otro, las ondas se desplazarán en la misma dirección. Aunque ambas ondas viajan en línea recta, el plano de cada una de ellas es diferente, reflejando siempre el movimiento de la mano.

Las ondas luminosas se comportan de un modo muy similar. Aunque viajan en línea recta, cada onda se mueve a lo largo de un plano específico que depende de la dirección vibratoria (movimiento de la mano) del electrón original.

Polarización

El término «polarización» se refiere a la luz que se ha filtrado para que las ondas luminosas que viajan únicamente a lo largo de planos específicos puedan penetrar en ellos. La luz se envía a través de un filtro polarizado elaborado con el mismo material usado en la fabricación de gafas de sol. Aunque los filtros polarizados de alto grado son sintéticos, algunos materiales naturales tienen el mismo efecto. Determinados tipos de cristales no cúbicos, llamados birrefringentes, pueden filtrar la luz que pasa a través de ellos en múltiples planos. Dado que cada plano afecta a la velocidad de la onda luminosa, la luz emerge de los cristales birrefringentes en diversos colores. Como demostrará este proyecto, algunos materiales disueltos en una solución pueden tener un efecto idéntico.

Los filtros de polarización se usan de dos en dos para que la luz viaje a través de uno y sea observada a través del otro: el primero se llama polarizador y el segundo analizador. El objeto que se quiere examinar se coloca entre el polarizador y el analizador. Desplazando la posición del analizador respecto a la del polarizador resulta posible estudiar diversos planos de ondas luminosas cuando pasan a través del objeto.

Procedimiento

1. Calienta 1 litro de agua en un cazo y llévalo a ebullición. Apaga el fuego y añade azúcar al agua hasta que ya no pueda disolverse más. Deja enfriar la solución de agua-azúcar a temperatura ambiente.

2. Llena el vaso de precipitados hasta el borde con la solución de agua-azúcar y elimina la solución sobrante.

3. Coloca el vaso de precipitados sobre el mechero Bunsen y pon el espejo, directamente debajo del vaso, inclinándolo en un ángulo de 45°.

4. Sitúa el proyector de diapositivas a 45 cm del espejo, de manera que el haz de luz incida en el espejo y se refleje en la solución azucarada a través de la base del vaso de precipitados. Si es necesario, ajusta la posición del espejo. De-

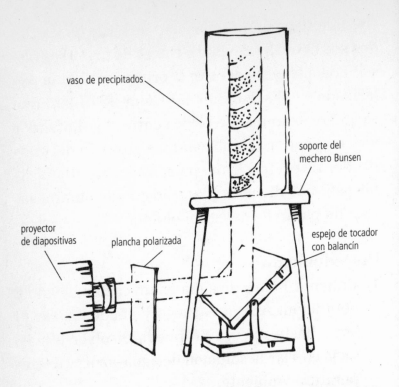

vaso de precipitados

soporte del
mechero Bunsen

proyector
de diapositivas

plancha polarizada

espejo de tocador
con balancín

berías disponer de una columna de luz viajando a través de la solución.

5. Sostén la plancha polarizada entre el proyector de diapositivas y el espejo, y gírala lentamente mientras observas la columna de luz en
la solución. Anota tus observaciones.

Nota: A ser posible, monta la plancha polarizada
en un rotor similar a los que se usan en la ilumi-
nación de los árboles de Navidad.

Resultado

La columna muestra una pléyade de colores arremolinados. Al girar la plancha polarizada, los colores rotan en espiral, como si se tratara de un poste de barbería, alrededor del eje central del haz.

Explicación

La solución azucarada simula el efecto de polarización de un cristal birrefringente. También funciona como la parte de analizador del par polarizador-analizador. Las moléculas de azúcar, en movimiento constante, polarizan la luz blanca en planos o vectores en continuo desplazamiento. El desplazamiento de cada vector afecta a la velocidad de la luz y cambia su color.

¿Lo sabías?

Los filtros de polarización pueden indicar muchas cosas a los científicos acerca de un material, ya que la luz polarizada revela detalles sobre la composición de un material que la luz ordinaria no consigue descubrir. Al examinarlos bajo una luz polarizada, se observan en algunos tipos de cristal figuras onduladas que demuestran que el cristal se ha endurecido a través de un rápido calentamiento y enfriamiento.

Retrorreflector de tres espejos

Material necesario

3 espejos pequeños, cuadrados
  y del mismo tamaño
Puntero de láser de baja potencia
  (longitud de onda de 630-680 nm)
Cinta adhesiva
Humo (incienso, etc.)
Cartulina blanca

Según la ley física de la reflexión, la luz siempre se refleja en un ángulo idéntico al de su fuente. Cuando un haz luminoso incide en una superficie y se refleja, su ángulo de reflexión siempre será igual a su ángulo de incidencia. Estos ángulos se miden con relación a una línea imaginaria, llamada «normal», perpendicular al plano de reflexión. Como muestra este proyecto, la ley de la reflexión permite a los científicos predecir, ajustar y corregir (o retrorreflejar) con facilidad una trayectoria luminosa cuando es necesario.

Procedimiento

1. Pega con cinta adhesiva los tres espejos de manera que formen medio cubo.
2. Observa tu reflejo en los espejos desde diversos ángulos.

3. Con una mano, dirige el láser a cualquiera de los tres espejos, mientras con la otra sostienes la cartulina detrás del láser. Anota dónde aparece reflejado el haz en la cartulina.

Advertencia: Nunca dirijas el láser directamente a los ojos ni te sitúes en la trayectoria del haz de láser reflejado.

4. Coloca humo junto a los espejos y oscurece la estancia.
5. Repite el paso 3 y observa la trayectoria del haz del láser.

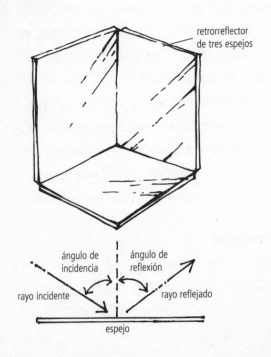

Resultado

Cuando observas tu reflejo en el espejo, tu rostro aparece en la esquina en la que se unen los tres espejos. Independientemente de tus movimientos, tu reflejo siempre aparece en la misma esquina. Al dirigir el láser al espejo, el haz siempre se refleja siguiendo una línea paralela, lo cual es cierto cualquiera que sea el espejo al que dirijas el láser.

Explicación

Dado que los espejos están dispuestos en tres planos mutuamente perpendiculares, la luz se «corrige» a través de múltiples reflexiones. Esto significa que el ángulo de reflexión generado por el primer espejo siempre quedará contrarrestado por un segundo espejo y la luz será enviada de vuelta a lo largo de una trayectoria paralela al ángulo de incidencia original. Así es cómo la imagen de tu rostro, captada en tres espejos y reflejada en tres ángulos diferentes, retorna en líneas paralelas. De un modo similar, el haz del láser se refleja en una trayectoria paralela a su trayectoria original.

Reflexión total interior de la luz láser en el agua

Material necesario

Botella de plástico de 4 litros y lados rectos
Tapón de corcho pequeño
Acuario
Pequeño cristal para ajustar, inclinado, en el acuario
Pintura blanca en espray
Puntero de láser de baja potencia
    (longitud de onda de 630-680 nm)
Cúter
Taladro
2 mesas, una ligeramente más baja que la otra

Este proyecto demuestra el principio óptico básico de la reflexión interna total, según el cual un haz luminoso debe reflejarse en un ángulo menor que el ángulo crítico de un medio para conseguir escapar de dicho medio. Por lo demás, el láser en el agua crea un espectáculo luminoso verdaderamente atractivo.

Procedimiento

1. Pinta con espray una cara del cristal dispuesto para insertar en el interior del acuario y deja secar la pintura.

2. Reblandece la etiqueta de la botella de plástico sumergiéndola en agua tibia con jabón. Con cuidado, arranca la etiqueta de la botella, asegurándote de que no quede el menor residuo de pegamento.

3. Con el taladro, practica un orificio de 1,5 mm en el lateral de la botella, cerca de la base.

4. Usa el cúter para recortar el tapón de corcho hasta que se ajuste perfectamente al orificio.

5. Llena la botella de agua y colócala, con el tapón hacia delante, en el borde de la mesa más alta.

6. Sitúa el acuario longitudinalmente en la mesa más baja, y desplaza ésta hasta que quede situada a unos 15 cm de la más alta.

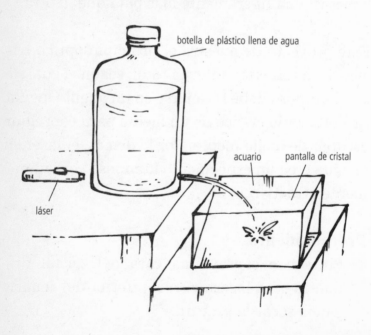

botella de plástico llena de agua

acuario   pantalla de cristal

láser

7. Inclina el cristal en el interior del acuario, con la cara pintada hacia arriba, en un ángulo de 45°. No te preocupes si el borde del cristal sobresale del acuario.

8. Pon el láser directamente detrás de la botella y dirige el haz a través del agua de manera que quede centrado en el tapón de corcho. Es posible que tengas que colocar el láser sobre un libro para que dé resultado.

9. Sin perturbar la alineación de la luz del láser en el tapón, retíralo y observa el flujo de agua incidiendo en la pantalla blanca del acuario. El efecto es más acusado si la estancia está en penumbra.

Resultado

El flujo de agua muestra una ligera luminiscencia y aparece un punto brillante de luz de láser allí donde el flujo de agua incide en la pantalla.

Explicación

La luz de láser queda retenida en el interior del flujo de agua porque el haz se refleja en un ángulo mayor que el ángulo crítico que sería necesario para escapar del medio acuoso. El ángulo crítico es un concepto importante en física y significa que cuando la luz viaja a través de un medio (sólido, líquido o gaseoso) en un ángulo superior al del ángulo crítico de dicho medio, es incapaz de escapar del mismo y permanece en un estado de reflexión interna total. El ángulo crítico se mide con relación a una línea imaginaria llamada «normal». Cada medio tiene su propio y exclusivo ángulo crítico.

Para el agua, es de 48° respecto a la normal, y para los diamantes es de 24°, menor que el de cualquier otra sustancia conocida.

Por lo que se refiere al flujo de agua, la luz de láser se desplaza a lo largo del mismo a través de una serie de reflexiones internas totales. Cada ángulo de reflexión es mayor que el ángulo crítico de 48°. De ahí que la luz permanezca siempre en el interior del agua.

¿Lo sabías?

En la industria de la óptica, los científicos han desarrollado materiales especiales parecidos al cristal. Existen varillas y hebras capaces de transportar la luz, del mismo modo que una manguera transporta el agua. Se escapan cantidades mínimas de luz por los laterales de estas fibras ópticas, y la luz se puede «bombear» hasta distancias de centenares de kilómetros. Llegará el día en que nuestra casa pueda estar iluminada con fibras ópticas en lugar de con lámparas. Una sola fuente de luz de baja energía instalada en el sótano se bombeará hasta todas las habitaciones de la casa.

Cambio en el índice
de refracción de la lana

Material necesario
Hebra de lana
Lata de pelotas de tenis cilíndrica y con tapa
Salicilato de metilo
Tornillo pequeño
Tapa de plástico de una lata de café de 350 g
Clavo puntiagudo
Cinta adhesiva
Regla
Tijeras

Si has realizado el proyecto «Birrefringencia en una hoja de celofán», habrás observado que los materiales con idénticas cualidades de desviación de la luz pueden, al combinarse, crear efectos de contraste. Pues bien, este proyecto demuestra cómo dos materiales totalmente diferentes pueden convertirse en ópticamente idénticos.

Procedimiento
1. Con la regla mide el diámetro de la abertura de la lata de pelotas de tenis y corta la tapa de la de café formando un círculo de 3,75 cm de

115

diámetro más ancho que la abertura de la lata de pelotas de tenis.

2. Con un clavo practica seis orificios en la tapa de la lata de café y usa las tijeras para cortar el borde de la tapa mediante hendiduras anguladas, tal y como se puede observar en la ilustración.

3. Envuelve un tornillo pequeño con la suficiente hebra de lana como para cubrirlo completamente.

4. Llena la lata de pelotas de tenis hasta 1/4 con salicilato de metilo.

5. Inserta la tapa de la lata de café en la lata de pelotas de tenis de manera que las aletas de la

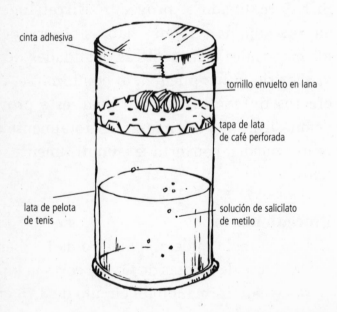

cinta adhesiva

tornillo envuelto en lana

tapa de lata
de café perforada

lata de pelota
de tenis

solución de salicilato
de metilo

tapa se doblen contra las paredes de la lata, procurando que quede situada a unos 7,5 cm de la abertura.

6. Coloca el tornillo envuelto en hebra de lana sobre la tapa de la lata de café y ajusta la tapa de la lata de pelotas de tenis, asegurándola con una tira de cinta adhesiva.
7. Lentamente, invierte la lata de pelotas de tenis de tal modo que el salicilato de metilo fluya a través de los orificios en la tapa de la lata de café y sature la lana. Anota tus observaciones.
8. Vuelve a invertir la posición de la lata de pelotas de tenis para que drene el salicilato de metilo. Anota tus observaciones.

Resultado

Cuando la hebra de lana absorbe el salicilato de metilo, la lana se vuelve transparente y adquiere un aspecto parecido al cristal, revelando claramente el tornillo oculto en su interior. (Este efecto es menos espectacular si utilizas lana de colores brillantes.) Cuando el salicilato de metilo drena, recupera su opacidad habitual.

Explicación

Cuando están saturadas, las fibras de la lana poseen las mismas propiedades de desviación de la luz que el salicilato de metilo. Esto significa que tanto la lana como el salicilato de metilo tienen el mismo índice de refracción mientras aquélla permanezca saturada.

El término índice de refracción se refiere a la desviación de la luz cuando pasa desde el aire a un medio sólido, líquido o gaseoso. Dado que el índice depende de la densidad –y la temperatura– del medio, un sólido puede tener el mismo índice de refracción que líquido, y un líquido puede compartir el mismo índice de refracción que un gas. En este caso, los índices de refracción del salicilato de metilo y de la lana saturada son tan similares que es difícil distinguir la silueta de las fibras de lana cuando están suspendidas en la solución.

Comparación de los índices de refracción de tres sustancias

Material necesario

2 vasos de precipitados pequeños
2 cristales de los que se usan en los microscopios
(láminas portaobjetos)
Lápiz graso
Aceite mineral
Agua

Aunque habitualmente es posible identificar un cubito de hielo en el agua, este proyecto demostrará que determinados materiales transparentes se hacen prácticamente invisibles al combinarse.

Procedimiento

1. Con un lápiz graso escribe ACEITE en uno de los cristales, y AGUA en el otro.
2. Llena hasta la mitad uno de los vasos de precipitados con aceite mineral, y el otro con agua hasta el mismo nivel.
3. Coloca el cristal ACEITE en el vaso de precipitados que contiene el aceite mineral y el cristal AGUA en el que contiene agua. Anota tus observaciones.
4. Desplaza una lámpara de escritorio alrededor de los vasos y ajusta su ángulo. Anota tus observaciones adicionales.

Resultado

En el vaso de precipitados que contiene aceite, el cristal parece desaparecer, hasta el punto de que la palabra ACEITE da la sensación de estar suspendida en el líquido, mientras que en el vaso que contiene agua, el cristal es claramente visible.

Explicación

La luz viaja a través del cristal y el agua a diferentes ángulos, pero se desplaza a través del aceite y el agua a casi el mismo ángulo. El cristal y el agua tienen diferentes índices de refracción, mientras que los del cristal y el aceite son similares. El término índice de refracción se refiere a la desviación de la luz cuando pasa desde el aire a un medio sólido, líquido o gaseoso. El índice resulta afectado tanto por la densidad del medio como por su temperatura. Calentando el aceite se obtendría un índice de refracción mucho más próximo al del agua, al igual que sustituyendo los cristales por varillas de plexiglás.

Como puedes ver, un sólido puede tener el mismo índice de refracción que un líquido. Dado que a temperatura ambiente los índices de refracción del cristal y el aceite mineral son tan similares, es muy difícil distinguir el perfil del cristal cuando está sumergido en aceite. Por lo que se refiere a los fotones de luz, el cristal y el aceite son la misma sustancia.